Das Auer
Sprachheft 2

Arbeitsheft für das 1./2. Schuljahr

Ruth Dolenc, Christel Fisgus, Gertrud Kraft, Edeltraud Röbe, Heinrich Röbe

Überarbeitung der Ausgabe S:
Renate Behrendt, Efrosini Caravassili, Eva-Maria Hiller

Sprachwissenschaftliche Beratung:
Prof. Dr. Rolf Bergmann

Ausgabe S

Wiewörter
(Adjektive)

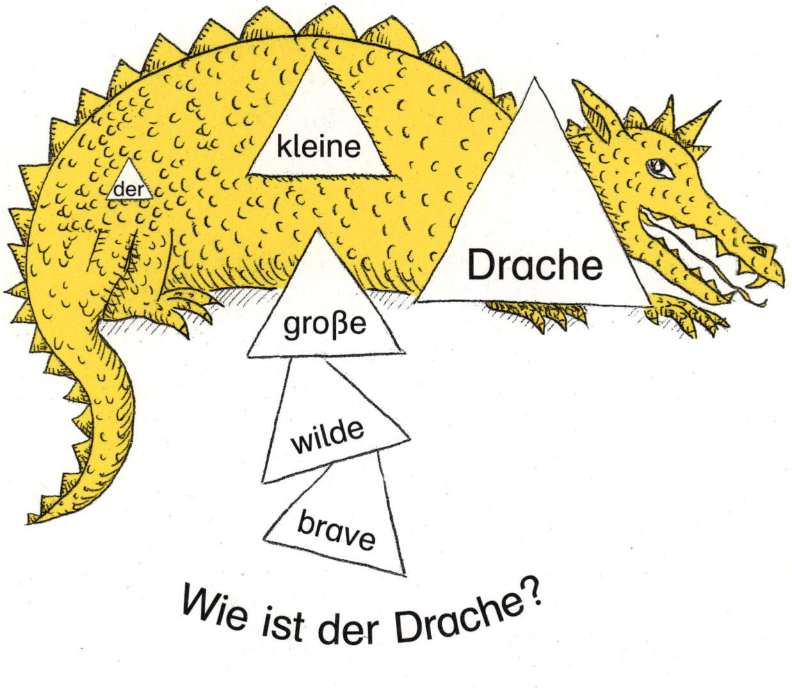

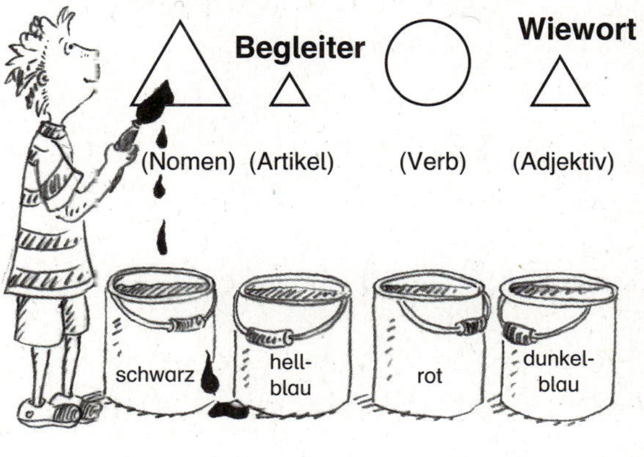

Auer Verlag GmbH

Dieses Heft gehört:

____

____

Achtung!

Flipp fliegt mit seinem Flugzeug.

Hat Flo auch ein Flugzeug?

Namen von Menschen, die dir wichtig sind

Namen in der Familie

Namen von Freunden …

… und anderen wichtigen Personen

① Schreibe Namen von Menschen auf, die dir wichtig sind!

Wir erinnern uns an die Ferien

① Male ein Ferienbild und schreibe eine Geschichte dazu!

② Sammle Ferienwörter und schreibe sie auf den Koffer!

Ich freue mich auf die Schule

das Bild

das Blatt

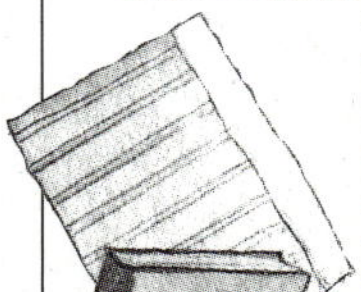

das Buch

der Stift

der Malkasten

der Füller

der Spitzer

das Heft

das Lexikon

der Pinsel

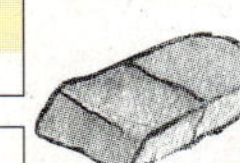
der Radiergummi

der Apfel

Einzahl	**Mehrzahl**

① Was ist in deiner Schultasche?
Schreibe die Dinge, die nur einmal vorhanden sind, in der Einzahl, die Dinge, die mehrmals vorhanden sind, in der Mehrzahl auf!

Einzahl	**Mehrzahl**

② Es gibt sicher noch andere Dinge, die du im neuen Schuljahr gut gebrauchen kannst.
Trage sie in die Tabelle ein!

Unser Klassenboot

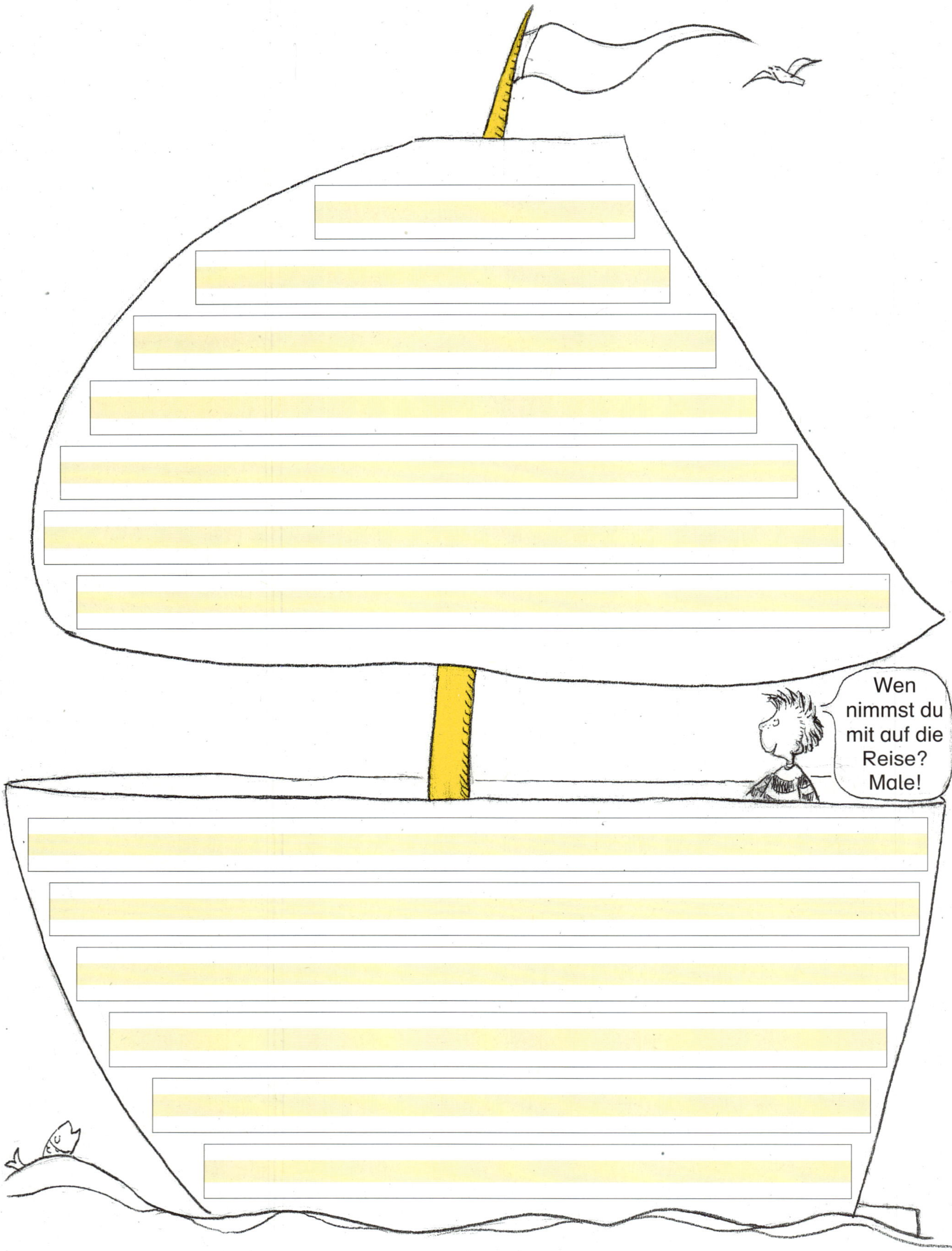

① Worauf freust du dich in diesem Schuljahr?
Schreibe es auf!

Namenwörter (Nomen) gesucht!

Wörter:	1. Beweis: … ist ein Name für …	2. Beweis: der, die, das …	3. Beweis: ein …, viele …	Mein Ergebnis:
APFEL				Namenwort: ☐ ja ☐ nein
FRAU				Namenwort: ☐ ja ☐ nein
PFERD				Namenwort: ☐ ja ☐ nein
SCHON				Namenwort: ☐ ja ☐ nein
TASCHE				Namenwort: ☐ ja ☐ nein
FEIN				Namenwort: ☐ ja ☐ nein

(1) Prüfe mit den Beweisen, ob diese Wörter Namenwörter sind! Kreuze an!

Bilder wachsen – Sätze wachsen

Das ist ein Boot.

Das Boot schwimmt im Wasser.

Das ist Rudi.

Rudi steht auf der Leiter.

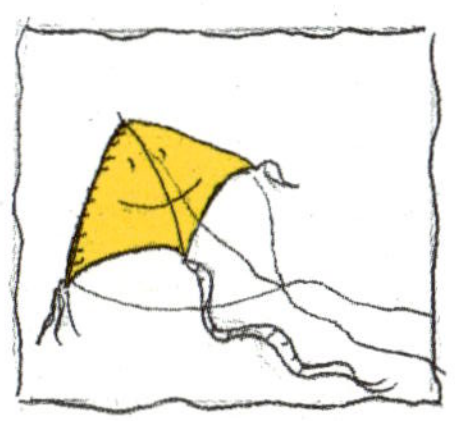

① Lass die Sätze wachsen! Die Bilder helfen dabei.

Erntezeit im Garten

Male dein Gemüse-Bild!

① Was schmeckt dir besonders gut?
Schreibe die Gemüsesorten auf, die du magst!

grün

saftig

fest

gelb

oval

mild

rot

frisch

scharf

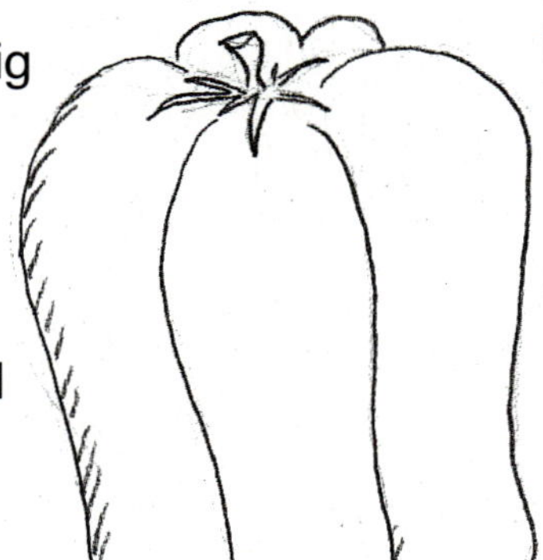

② Schreibe ein Paprika-Rätsel!

Frisch auf den Tisch

Wasser waschen putzen sauber sorgfältig

Messer schneiden Brett vorsichtig Stücke klein

Topf groß hineingeben alles Gemüse Wasser

würzen Kräuter Pfeffer Paprika Salz

Suppe kochen Minute Stunde Kochlöffel umrühren

Teller essen wünschen Guten Appetit!

① Erzähle und schreibe Sätze zu den Bildern!

Tunwörter (Verben) gesucht!

Wörter:	1. Beweis: Was tut jemand?	2. Beweis: ich …, wir …	Mein Ergebnis:
warten			Tunwort: ☐ ja ☐ nein
heute			Tunwort: ☐ ja ☐ nein
legen			Tunwort: ☐ ja ☐ nein
bleiben			Tunwort: ☐ ja ☐ nein
auch			Tunwort: ☐ ja ☐ nein
laufen			Tunwort: ☐ ja ☐ nein
sagen			Tunwort: ☐ ja ☐ nein
halten			Tunwort: ☐ ja ☐ nein
finden			Tunwort: ☐ ja ☐ nein
malen			Tunwort: ☐ ja ☐ nein
neu			Tunwort: ☐ ja ☐ nein
schlafen			Tunwort: ☐ ja ☐ nein
leben			Tunwort: ☐ ja ☐ nein

① Prüfe mit den Beweisen, ob diese Wörter Tunwörter sind! Kreuze an!

Ich – du – wir

① Schreibe über deinen besten Freund oder deine beste Freundin!
Denke auch an die Familie, die Lieblingsspeise, die Hobbys, …!

Abc gegen Langeweile

A *Abenteuer, …*

B *basteln, …*

C

D

E

F

G

H

I

J

K

L

M

N

O

P

Qu

R

S

T

U

V

W

XYZ

① Trage Wörter ein, die dir die Langeweile vertreiben!
Arbeite mit dem Wörterbuch!

Mein Tagesablauf

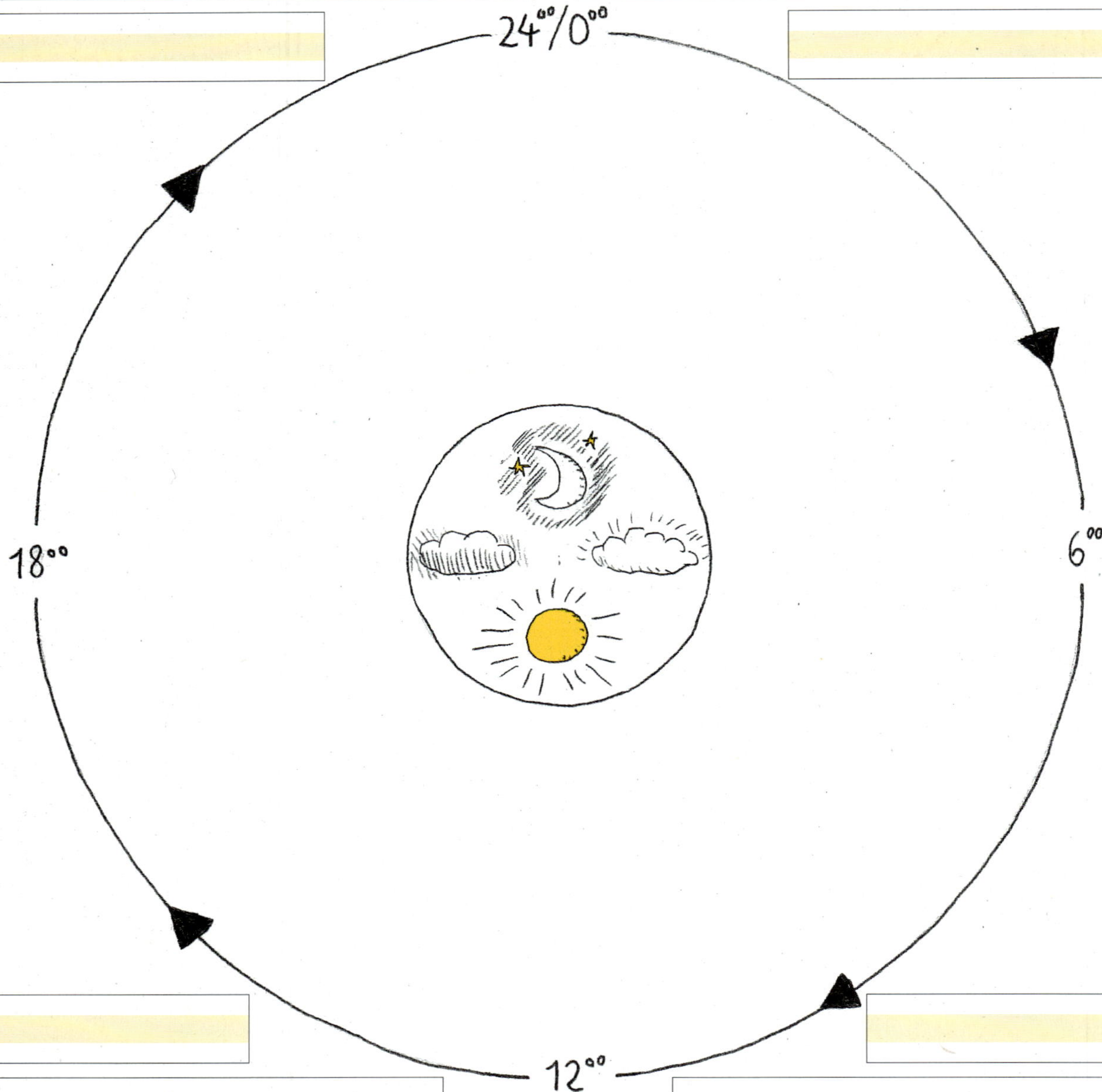

① Male deinen Tagesablauf! Schreibe dazu!

Alles süß – oder?

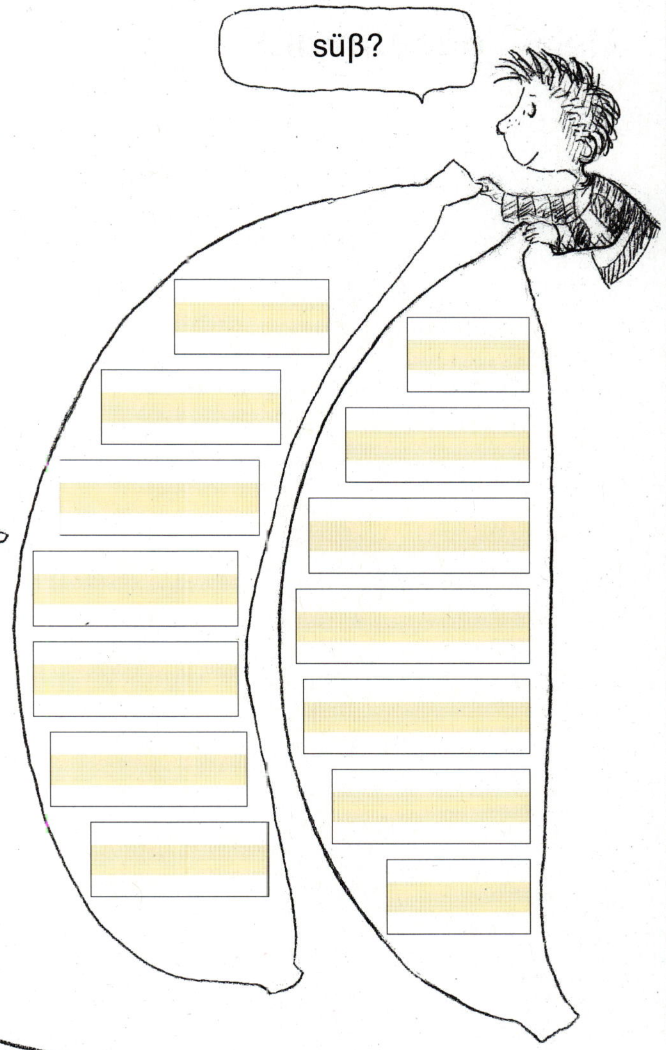

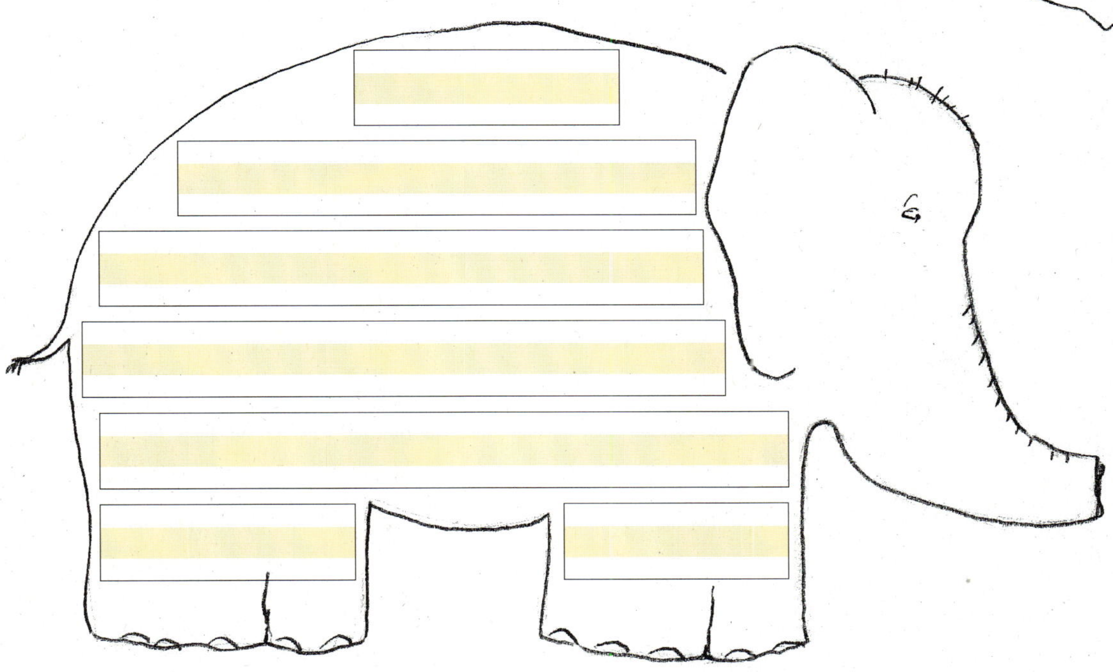

bissig, bitter, faltig, flink, frech, frisch, gelb, glatt, grau, klug, kuschelig, laut, leise, lustig, pelzig, rau, riesig, saftig, schnell, schwer, süß, weich, wild, …

(1) Fülle die Formen mit passenden Wiewörtern aus!
Du kannst das gleiche Wiewort auch mehrmals schreiben.

Wiewörter (Adjektive) gesucht!

Wörter:	1. Beweis: Wie ist es?	2. Beweis: … passt zwischen Begleiter und Namenwort.	3. Beweis: Das Gegenteil von … ist?	Mein Ergebnis:
reich				Wiewort: ☐ ja ☐ nein
groß				Wiewort: ☐ ja ☐ nein
dunkel				Wiewort: ☐ ja ☐ nein
hart				Wiewort: ☐ ja ☐ nein
wohnen				Wiewort: ☐ ja ☐ nein
heiß				Wiewort: ☐ ja ☐ nein

① Prüfe mit den Beweisen, ob diese Wörter Wiewörter sind! Kreuze an!

Die Geschichte vom _____ Drachen

Ein _____, _____ Drache lebte vor _____ Zeit auf einem _____ Felsen.
Jedes Jahr raubte das _____ Tier eine _____ Prinzessin.
Der _____ König und seine _____ Frau waren natürlich _____, als der _____ Drache angeflogen kam.
Aber da meldete sich ein _____, _____ Ritter, der mit dem _____ Drachen kämpfen wollte.
Es gab einen _____ Kampf. Schließlich besiegte der _____ Ritter das _____ Tier.
Alle Leute waren _____ über dieses Ende.

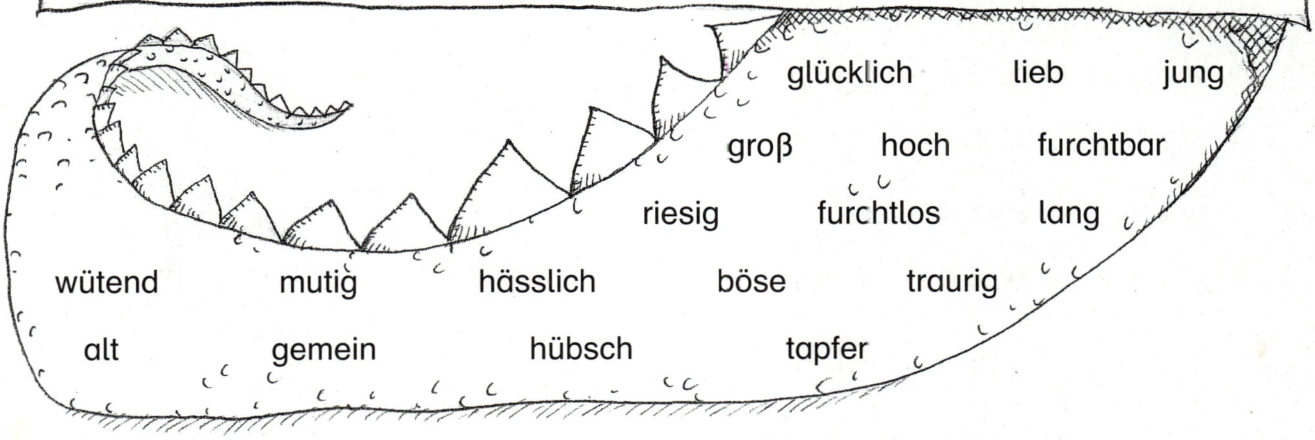

glücklich lieb jung
groß hoch furchtbar
riesig furchtlos lang
wütend mutig hässlich böse traurig
alt gemein hübsch tapfer

① Setze passende Wiewörter in die Lücken ein, damit eine Geschichte vom bösen Drachen entsteht!

Meine liebste Jahreszeit

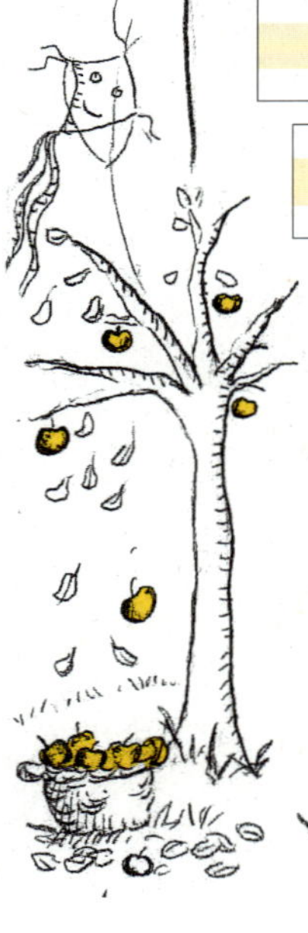

(1) Welche Jahreszeit hast du am liebsten?
Schreibe auf, was dir da besonders Spaß macht!

Frühlingswörter – Herbstwörter

Herbstwörter

die Windjacke · der Regen · der Kastanienzoo · die Mütze · das Windrad · der Drachen · die Gummistiefel

Sport und Spiel	Kleidung	Wetter

der Wind · der Schal · der Anorak · der Sturm

① Ordne die Herbstwörter in die Tabelle ein!
Findest du noch mehr Wörter?

Frühlingswörter

Sport und Spiel	Kleidung	Wetter

② Suche Wörter, die zum Frühling passen! Ordne sie in die Tabelle ein!
Verwende ein Lexikon oder ein Wörterbuch!

Ordnung im Kinderzimmer

① Schau dich in deinem Zimmer um! Was gehört wohin?
Schreibe auf! Verwende ein Wörterbuch!

Mein Stein

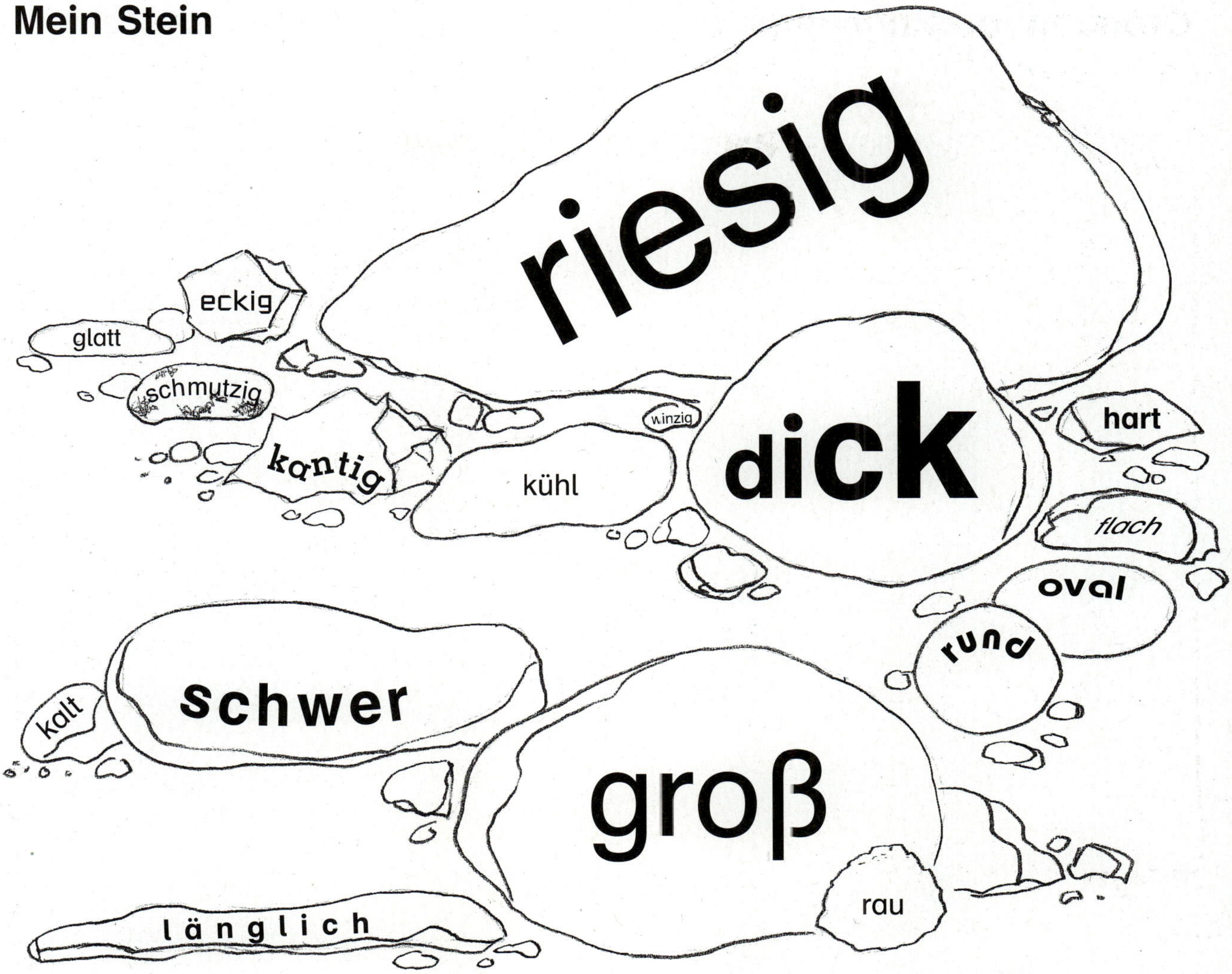

(1) Schreibe einen Text zu deinem Stein! Die Wörter können dir dabei helfen.

Deine Indianer-Regeln

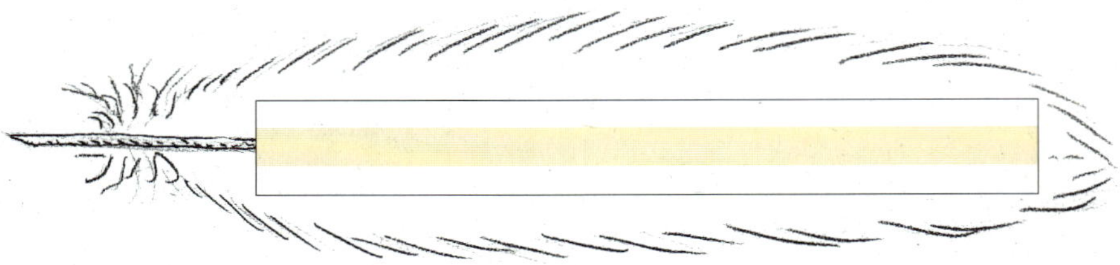

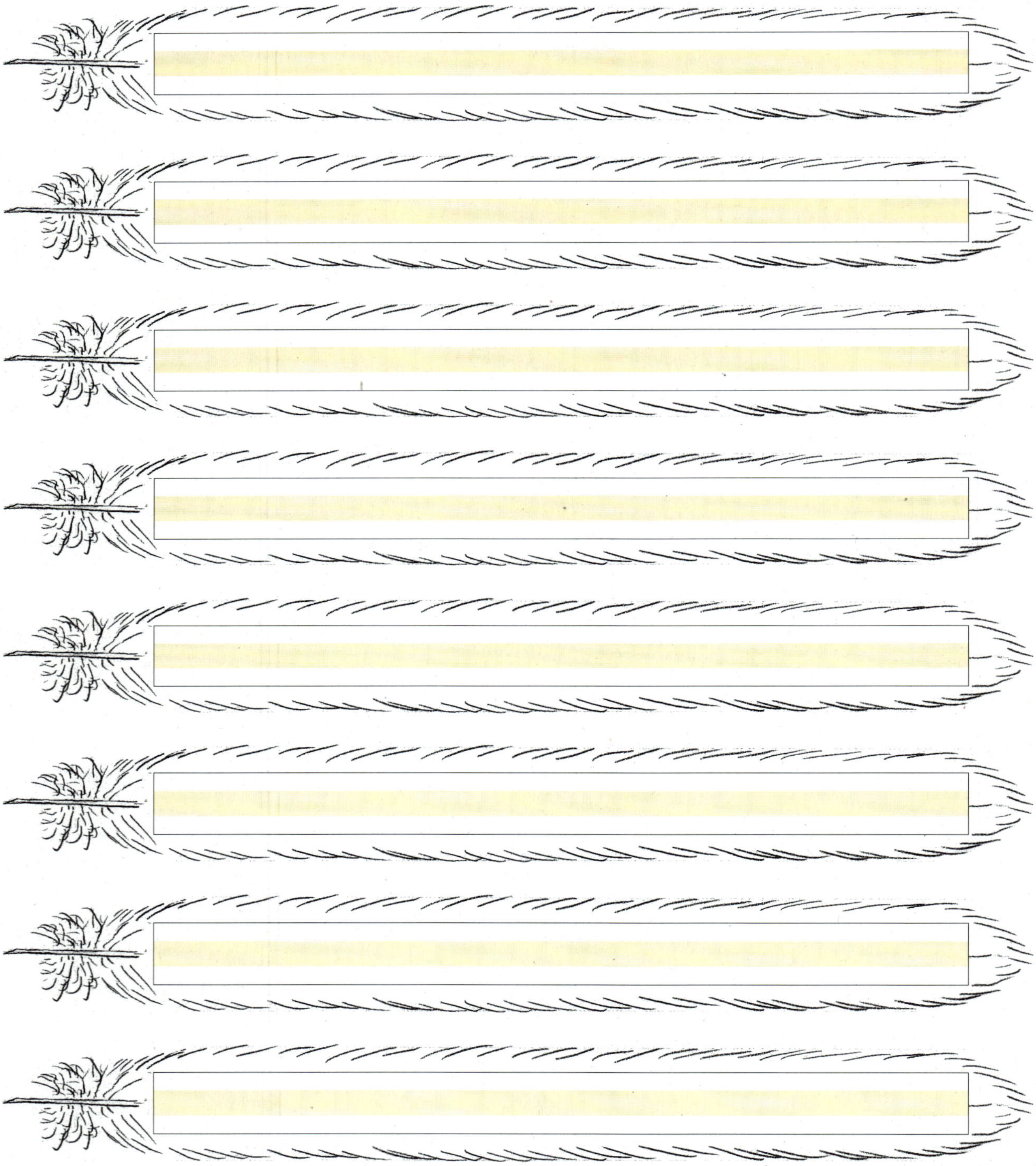

① Schreibe Indianer-Regeln auf, die für dich besonders wichtig sind!

Merkzettel schreiben

Kaufe bitte folgende Dinge für mich ein:
eine Flasche Milch, vier Jogurts,
ein Päckchen Butter, ein Paket Zucker!

Frau Straub

Ihr wollt von Mannheim nach Ulm fahren.
Der Zug fährt um 8.30 Uhr in Mannheim ab.
Um 9.20 Uhr kommt ihr in Stuttgart an.
Dort müsst ihr umsteigen.
Der nächste Zug nach Ulm fährt um 9.30 Uhr ab.
Um 10.50 Uhr kommt ihr in Ulm an.

Herr Ziegler

① Unterstreiche die wichtigsten Angaben in den Sprechblasen!

Frau Straub

Herr Ziegler

② Notiere die Informationen in Stichpunkten auf den Merkzetteln!

Eine Tiergeschichte

① Schreibe auf, was du mit einem Tier erlebt hast!

Fragen und Antworten

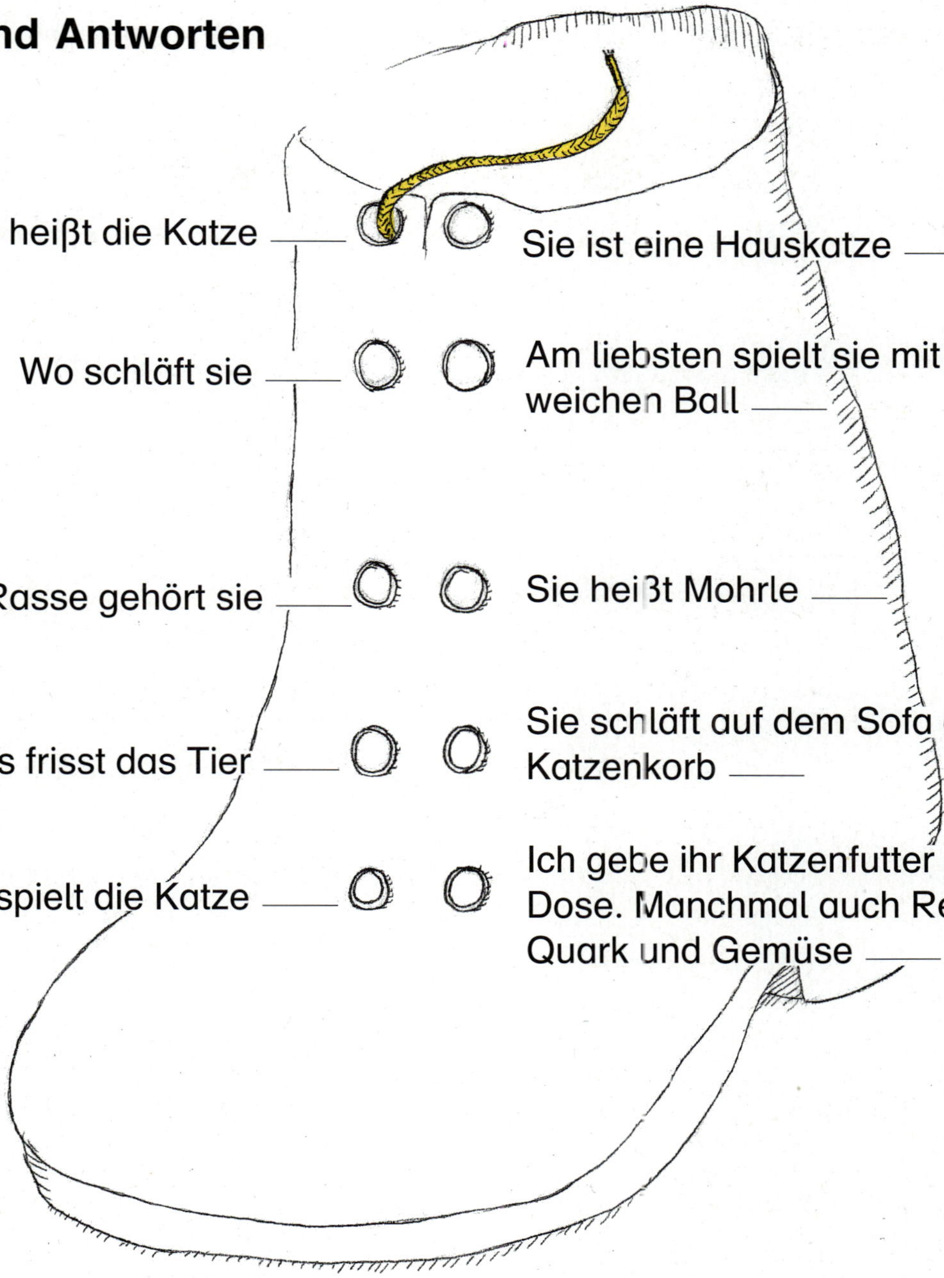

Wie heißt die Katze ___

Wo schläft sie ___

Zu welcher Rasse gehört sie ___

Was frisst das Tier ___

Womit spielt die Katze ___

Sie ist eine Hauskatze ___

Am liebsten spielt sie mit einem weichen Ball ___

Sie heißt Mohrle ___

Sie schläft auf dem Sofa oder im Katzenkorb ___

Ich gebe ihr Katzenfutter aus der Dose. Manchmal auch Reis, Quark und Gemüse ___

① Setze die passenden Satzzeichen ein!

② Verbinde die Fragesätze mit den passenden Aussagesätzen!

③ Welche Fragen könntest du der Katzenbesitzerin noch stellen?

④ Was könnte die Katzenbesitzerin antworten? Spielt das Gespräch!

Geschichten überarbeiten: Sätze umstellen

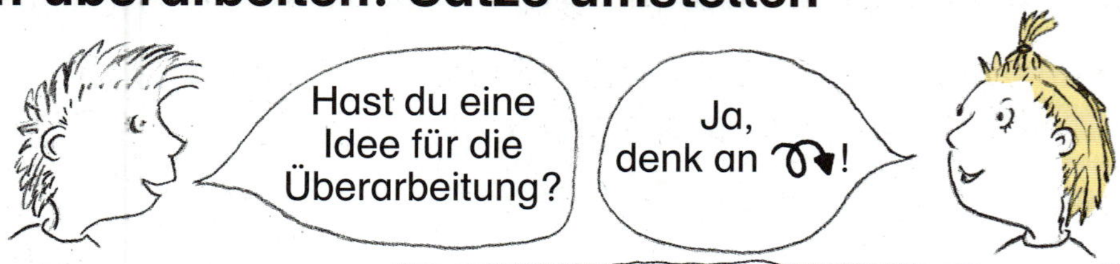

Mein Wellensittich

Ich habe meinen Wellensittich Moritz seit zwei Jahren.	↷
Ich begrüße ihn jeden Morgen.	↷
Ich gebe Moritz frisches Wasser.	
Ich lege Vogelfutter in sein Schälchen.	
Ich säubere den Käfig jede Woche.	
Ich spiele nach der Schule mit Moritz.	
Ich lasse ihn manchmal frei im Zimmer fliegen.	

Carola

① Lies die Geschichte! Was hört sich nicht schön an?
Unterstreiche die gleichen Satzanfänge und zeichne das Verbesserungszeichen ein!

Mein Wellensittich

Seit zwei Jahren habe ich meinen Wellensittich
Moritz. Jeden

② Überarbeite die Tiergeschichte von Carola! Stelle dazu die Sätze um (↷)!

Geschichten überarbeiten: genau beschreiben

Gestern war die Klasse in der Wilhelma in Stuttgart. Viktor war krank.
Die Kinder wollen ihm einen Brief schreiben.

Lieber Viktor!

Wir kamen an.	↝
Alle wollten gleich zu den Affen.	△
Die Affen spielten.	↝
Dann gingen wir zu den Löwen.	△
Sie schliefen.	↝
Nebenan warteten die Robben auf Futter.	△
Jetzt hatten wir auch alle Hunger.	
Wir aßen.	↝
Danach gingen wir nach Hause.	

Deine Klasse 2b

① Lies den Entwurf der Klasse!
Wie könnte man die Geschichte überarbeiten, damit Viktor sich den Ausflug besser vorstellen kann?

Lieber Viktor!

Wir kamen um 9.00 Uhr in der Wilhelma an.

Alle wollten gleich zu den lustigen Affen.

② Überarbeite den Brief! Verwende Wiewörter (△)! Erzähle ausführlicher (↝)!

Mein Name – unsere Namen

① Schreibe deinen Vor- und Nachnamen!
Probiere unterschiedliche Stifte aus!

Vorname	Nachname	Unterschrift

② Trage die Namen einiger Kinder aus deiner Klasse in diese Liste ein und lasse sie daneben unterschreiben!

Bilder können sprechen

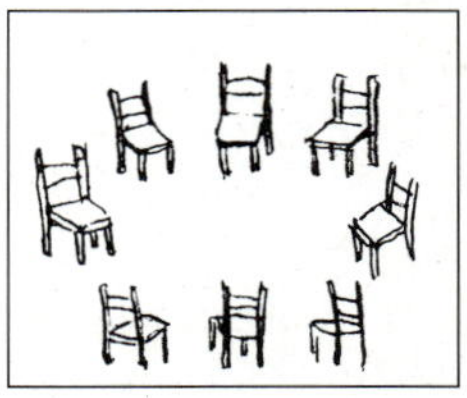

Stuhlkreis

Mädchentoilette

Partnerarbeit

Jungentoilette

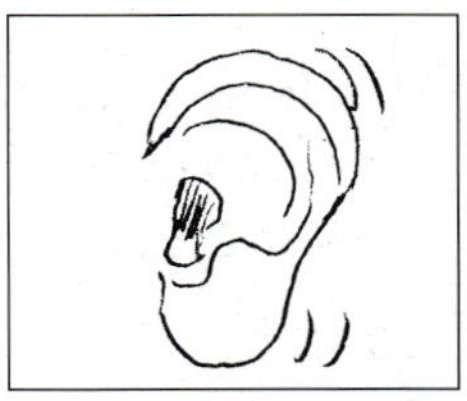

zuhören

Musikraum

Bitte leise sein!

Turnhalle

① Verstehst du diese Zeichen? Erkläre sie!

② Verbinde Bild und Text!

③ Erfinde weitere Zeichen! Male und schreibe!

Manche Wörter klingen in verschiedenen Sprachen ähnlich

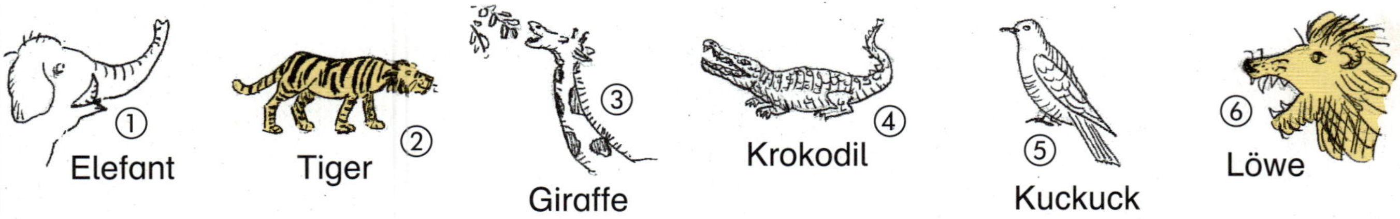

① Suche die Tiernamen in den anderen Sprachen!
Trage jeweils die passende Zahl in den Kreis ein!

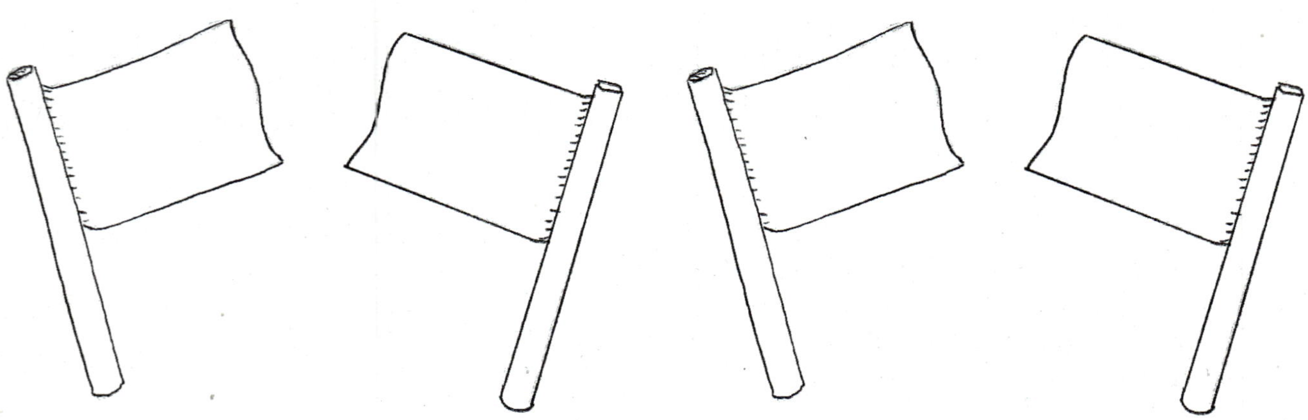

② Welche Tiernamen kennst du noch in anderen Sprachen?

Alle Kinder dieser Welt

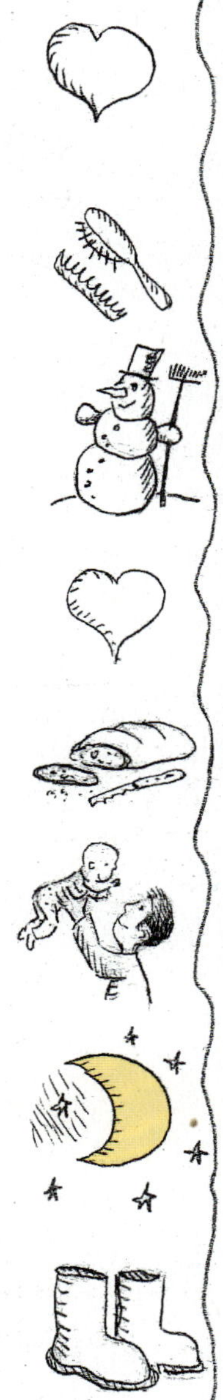

Alle Kinder dieser Welt
brauchen jemanden, der sie liebt,
der ihre Hand in seiner hält,
der ihnen Essen, Kleidung gibt.

Alle Kinder dieser Welt

1. Was brauchen alle Kinder dieser Welt?
2. Schreibe das Gedicht fertig! Es muss sich nicht reimen. Die Bilder können dir helfen.

Besondere Wörter in der Traum-Schule

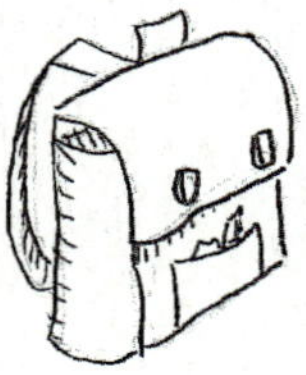

Lineal:

Malkasten:

Pinsel:

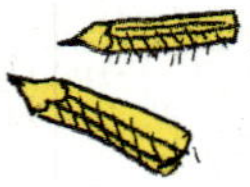

Block:

Papierkorb:

① Erfinde besondere Namen für die Schulsachen! Schreibe sie auf!

② Schreibe mit den erfundenen Wörtern eine Geschichte deiner Traum-Schule!

Wir bauen Wörter

 das Tischtuch → der Tisch, das Tuch

 der Gartenzwerg →

 der Blumentopf →

 das Heupferd →

 der Fingerhut →

 das Indianerzelt →

① Aus welchen Namenwörtern sind diese Wörter gebaut?

Eine Tasche für Bücher ist eine

Ein Zimmer, das den Kindern gehört, ist ein

Ein Käfig, in dem der Vogel sitzt, ist ein

Ein Buch mit vielen Bildern ist ein

② Welche Wörter sind gesucht?

③ Erkläre:
- ein Taschentuch,
- ein Gummistiefel,
- ein Gartenzaun,
- ein Grasfrosch!

Wasser-Spaß

Aus Papierbögen werden fünf Schiffe gefaltet. Jedes Schiff bekommt eine Nummer von eins bis fünf. Jeder Mitspieler besitzt 20 kleine Steinchen, Münzen oder Murmeln. Es wird reihum gewürfelt. Der jüngste Mitspieler beginnt. Zeigt der Würfel ⚃, muss das Schiff mit der Nummer vier beladen werden usw. Wer eine ⚅ würfelt, darf ein Schiff seiner Wahl beladen. Wer ein Schiff versenkt, muss alle Steine, Murmeln und Münzen an sich nehmen. Gewonnen hat, wer als Erster alle Steine, Murmeln und Münzen losgeworden ist.

① Suche einen Namen für das Spiel!

Welche Dinge werden benötigt?

Was müssen die Spieler tun?

Wer gewinnt?

② Beantworte die Fragen!

Alles gespeichert?

Einzahl – Mehrzahl

Einzahl	Mehrzahl

① Wähle drei Schulsachen aus!
Schreibe sie in der Einzahl und in der Mehrzahl auf! Denke an die Begleiter!

Wörter:	1. Beweis: … ist ein Name für …	2. Beweis: der, die, das …	3. Beweis: ein …, viele …	Mein Ergebnis:
KIND				Namenwort: ☐ ja ☐ nein
EIS				Namenwort: ☐ ja ☐ nein
HOLEN				Namenwort: ☐ ja ☐ nein
ALT				Namenwort: ☐ ja ☐ nein
LICHT				Namenwort: ☐ ja ☐ nein

② Welche Wörter sind Namenwörter? Überprüfe mit den Beweisen und kreuze an!

Wörter:	1. Beweis: Was tut jemand?	2. Beweis: ich …, wir …	Mein Ergebnis:
HOLEN			Tunwort: ☐ ja ☐ nein
FAUL			Tunwort: ☐ ja ☐ nein
WEINEN			Tunwort: ☐ ja ☐ nein
GEGEN			Tunwort: ☐ ja ☐ nein
LAUFEN			Tunwort: ☐ ja ☐ nein
LEISE			Tunwort: ☐ ja ☐ nein

① Welche Wörter sind Tunwörter? Überprüfe mit den Beweisen und kreuze an!

Grundform	malen	Grundform	helfen
Ich-Form		Ich-Form	
Du-Form		Du-Form	
Er- Sie-Form Es-		Er- Sie-Form Es-	
Wir-Form		Wir-Form	
Ihr-Form		Ihr-Form	
Sie-Form		Sie-Form	

② Schreibe die Tunwörter in allen Formen auf!

Wörter:	1. Beweis: Wie ist es?	2. Beweis: … passt zwischen Begleiter und Namenwort	3. Beweis: Das Gegenteil von … ist?	Mein Ergebnis:
KRANK				Wiewort: ☐ ja ☐ nein
TEUER				Wiewort: ☐ ja ☐ nein
HELFEN				Wiewort: ☐ ja ☐ nein
ÜBER				Wiewort: ☐ ja ☐ nein
SCHÖN				Wiewort: ☐ ja ☐ nein

① Welche Wörter sind Wiewörter? Überprüfe mit den Beweisen und kreuze an!

Das Haus ist alt.	*das alte Haus*	*ein altes*
Das Buch ist lustig.		
Der Hund ist jung.		
Die Hose ist neu.		

② Setze die Wiewörter richtig ein!

Wo spielen die Kinder? ○	○ Pause ist in zehn Minuten.
Wann ist Pause? ○	○ Mein Hund heißt Nero.
Wie lang dauert der Film? ○	○ Viktor hat die Pizza bestellt.
Wie heißt dein Hund? ○	○ Die Kinder spielen im Hof.
Wer hat die Pizza bestellt? ○	○ Der Film dauert eine Stunde.

① Verbinde Fragen und Antworten! Zeichne die Klangbögen ein!

Das Buch ist spannend.	*Ist das Buch spannend?*
Die Musik ist zu laut.	
Das Wasser ist kalt.	
Es regnet.	

② Verwandle die Aussagesätze in Fragesätze!

Ein tolles Wetter___

Um acht Uhr beginnt der Unterricht___

Wo ist der Ball___

Hallo, Susanne___

Habt ihr einen Garten___

Jeden Abend liest Tom in seinem Buch___

③ Setze die richtigen Satzzeichen ein: . ! ?

Wörterliste

Häufig gebrauchte Wörter

A ab
aber
als
also
am
an
auf
aus

B bei
bin
bis
bist

D da
dann
das
dass
dein, deine, deiner
dem
den
denn
der
des
dich
die
dies, diese, dieser
dir
doch
du
durch

E ein, eine, einer
er
es
euch
euer, eure

F für

G ganz, ganze, ganzer

H her
hier
hin
hinter

I ich
ihm
ihn, ihnen
ihr, ihre
im
immer
in
ins
ist

J ja
jede, jeder, jedes

K kein, keine, keiner

M man
mein, meine, meiner
mich
mir
mit

N nach
nein
nicht
nichts
nie
nun
nur

O ob
oder
oft

S schon
sehr
sein, seine, seiner
seit
sich
sie
sind
so

U über
um
und
uns, unsere, unser
unten, unter

V viel
vom
von
vor

W wann
warum
was
weil
weiter
welche, welcher
wem
wen
wenig
wenn
wer
wie
wieder
wir
wo

Z zu
zum
zur
zusammen

Wörter zum Nachschlagen und Üben

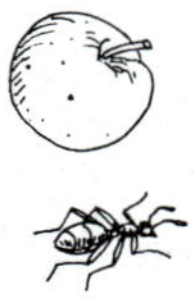

A

der Abend, die Abende
zu Abend essen
acht
der Affe
alle, alles
allein
alt, älter
die Ameise
die Ampel
die Angst, die Ängste, ängstlich
antworten
der Apfel, die Äpfel
der April
anziehen
arbeiten
ärgern
der Arm
der Ast, die Äste
die Aufgabe
aufstehen
das Auge
der August
das Auto

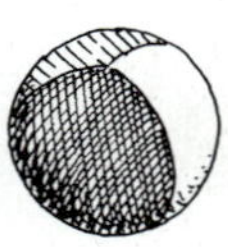

B

das Baby
baden
der Ball, die Bälle
die Banane
die Bank, die Bänke
der Bauch, die Bäuche
bauen
der Baum, die Bäume
das Bein
bellen
der Berg, die Berge
das Bett
zu Bett gehen
bewegen, er bewegt
bezahlen
der Biber
die Biene
das Bild, die Bilder
die Birne
bitten
bitter
blasen, er bläst
das Blatt, die Blätter
blau
bleiben, er bleibt
blind, blinde
blühen, sie blüht
die Blume
die Blüte
der Boden, die Böden
der Bogen, die Bögen
die Bohne
böse
braun
brav
der Brief
bringen, er bringt
das Brot, das Brötchen
der Bruder, die Brüder
brüllen
das Buch, die Bücher
bunt
die Burg, die Burgen
die Bürste
der Busch, die Büsche
die Butter

C

der Cent (s)
der Christbaum (k)
der Computer (k)

D

das Dach, die Dächer
danken
der Daumen
denken
der Dezember
dick
der Dienstag
das Ding
der Dino(saurier)
der Donnerstag

die Dose
der Drache
drei
dunkel
dünn

E

die Ecke, eckig
das Ei, die Eier
das Eis
der Eisregen
eins
der Elefant
elf
die Eltern
das Ende
eng
der Engel
die Ente
die Erbse
die Erde
erzählen, er erzählt
der Esel
essen, sie isst
die Eule
der Euro

F

das Fach, die Fächer
der Faden
die Fahne
fahren, er fährt
das Fahrrad, die Fahrräder
Fahrrad fahren
fallen, es fällt
die Familie
fangen, er fängt
die Farbe
der Februar
die Feder
fein
das Feld, die Felder
das Fenster
fernsehen, der Fernseher
finden
der Finger
der Fisch
die Flasche
fleißig
fliegen, sie fliegt
der Floh, die Flöhe
der Flügel
das Flugzeug
flüssig
das Foto
fragen, er fragt
die Frau
der Freitag
fremd, der Fremde
freuen, die Freude
der Freund, die Freunde
die Freundin, die Freundinnen
frisch
fröhlich
der Frosch, die Frösche
der Frost, frösteln
die Frucht, die Früchte
der Frühling
frühstücken, das Frühstück
fühlen
füllen, der Füller
fünf
furchtbar
furchtlos
der Fuß, die Füße
der Fußball
Fußball spielen

G

die Gabel
der Garten, die Gärten
geben, sie gibt
der Geburtstag
gehen, er geht
der Geist
gelb, gelbe
das Geld, die Gelder
das Gemüse
das Gesicht
gestern
gesund, gesunde
glatt

das Glatteis
gleiten
das Glück, glücklich
das Gold, goldig
graben, sie gräbt
das Gras, die Gräser
groß, größer
die Großmutter
der Großvater
grün
die Gurke
gut

H

das Haar, die Haare
haben, sie hat
der Hahn, die Hähne
der Hals, die Hälse
halten, es hält
der Hamster
die Hand, die Hände
der Handschuh, die Handschuhe
hart, härter
der Hase
der Hass, hässlich
das Haus, die Häuser
zu Hause
die Hausaufgabe
die Haut, die Häute
die Hecke
das Heft
heimgehen
heiß
heißen
helfen, er hilft, die Hilfe
hell
das Hemd, die Hemden
der Herbst
der Herr
heute
die Hexe
der Himmel
hoch, höher
das Holz, die Hölzer
der Honig
hören
die Hose
hübsch
der Hund, die Hunde
hundert
der Hunger
hüpfen
der Hut, die Hüte

I

die Idee
der Igel

J

die Jacke
das Jahr
der Januar
das Jo-Jo
der Jogurt/Joghurt
der Juli
jung
der Junge
der Juni

K

der Käfer
der Kalender
kalt, die Kälte
das Kamel
die Karte
die Kartoffel
der Käse
die Kastanie
die Katze
kaufen
die Kerze
die Kette
das Kind, die Kinder
die Kirsche
die Klasse
das Kleid, die Kleider
klein
klingen, es klingt
kommen

der König
können, er kann
der Kopf, die Köpfe
der Korb, die Körbe
der Körper
krank
das Kraut, die Kräuter
das Kreuz
das Krokodil
die Krone
der Kuchen
die Kuh, die Kühe
kurz, kürzer

L

lachen
die Lampe
lang, länger
langsam
lassen, er lässt
das Laub
laufen, sie läuft
laut
die Laⓥa (w)
leben, er lebt
das Lebewesen
lecker
legen, sie legt
der Lehrer, die Lehrerin
leicht
leise
die Leiter
lernen
lesen, er liest
die Leute
das Lexikon
das Licht
lieb, lieben
liegen, sie liegt
das Lineal
der Löwe
die Luft
der Luftballon
die Lupe
lustig

M

machen
das Mädchen
der Mai
malen
der Malkasten
die Mandarine
der Mann, die Männer
der März
die Maus, die Mäuse
das Messer
die Milch
die Minute
der Mittag
zu Mittag essen
der Mittwoch
mögen, sie mag
der Monat
der Mond, die Monde
der Montag
morgen
müde
der Mund, die Münder
die Münze
murmeln
die Muschel
die Musik
das Müsli
müssen, er muss
mutig
die Mutter, die Mütter
die Mütze

N

die Nacht, die Nächte
die Nadel
der Nagel, die Nägel
der Name
die Nase
der Nebel
nehmen, sie nimmt
neu
neugierig
neun
der Noⓥember (w)
die Nuss, die Nüsse

O

das Obst
das Ohr
der Oktober
der Onkel
das Ostern

P

das Paar
das Paket
das Papier
pfeifen
das Pferd, die Pferde
pflanzen, die Pflanze
pflegen, er pflegt
pflücken
der Pilz
der Pinsel
die Pizza
das Plakat
der Platz, die Plätze
die Pommes
die Post
die Puppe
purzeln

Qu

das Quadrat
quaken
die Qualle
der Qualm
der Quark
quieken
quatschen

R

das Rad, die Räder
der Radiergummi
das Radieschen
rau
die Raupe
rechnen
reden
der Regen
reich
reisen
rennen
der Rettich
der Riese, riesig
der Ring
der Rock, die Röcke
rollen
der Roller
der Rollschuh, die Rollschuhe
rot
der Rücken
ruhen, sie ruht
rufen
rund, runde

S

der Saft, die Säfte
sagen, er sagt
der Salat
das Salz
der Samstag
der Sand, sandig
die Sanduhr
der Satz, die Sätze
sauer
sausen

Sch

das Schaf
der Schal
scharf, schärfer
der Schatz, die Schätze
schauen
die Schaukel
scheinen
die Schere
der Schi/Ski, die Schier/Skier
Schi/Ski laufen
schlafen, sie schläft
schlagen, er schlägt
die Schlange
der Schlauch, die Schläuche
schleichen
der Schlitten
Schlitten fahren
der Schlittschuh,
die Schlittschuhe
der Schmetterling
die Schnecke
der Schnee

schneiden
schnell
der Schnittlauch
schön
schreiben, sie schreibt
schreien
der Schuh, die Schuhe
die Schule
die Schultasche
der Schwan, die Schwäne
schwarz
das Schwarzbrot
schweben, es schwebt
die Schwester
schwimmen
sechs
der See
sehen, er sieht
die Seife
die Seite
die Sekunde
der Sellerie
der September
sieben
singen, sie singt
sinken
sitzen, er sitzt
das Snowboard
das Sofa
der Sohn, die Söhne
sollen
der Sommer
die Sonne
der Sonntag

Sp

die Spagetti/Spaghetti
sparen
spielen
das Spielzeug
die Spinne
spitz
der Spitzer
der Sport
sprechen, er spricht
springen, sie springt

St

der Stängel, die Stange
stark, stärker
steigen, er steigt
der Stein
stehen, sie steht
stellen
der Stern
der Stiefel
der Stiel
der Stift
still
die Stirn
die Straße
der Strauch, die Sträucher
struppig
der Stuhl, die Stühle
die Stunde
suchen
süß

T

der Tag, die Tage
die Tafel
die Tante
tanzen
tapfer
die Tasche
die Tasse
tasten
der Teddy
der Tee
das Telefon
der Teller
die Temperatur
das Thermometer
tief
das Tier
der Tiger
der Tisch
toben, sie tobt
die Tochter, die Töchter
die Tomate
der Ton, die Töne
das Tor
tragen, er trägt
träumen
traurig
trinken

das Tuch, die Tücher
der Turm, die Türme
turnen

U

üben, sie übt
übermutig
die Uhr
der Uhu

V

der Vampir w
die Vase w
der Vater, die Väter
verbinden
verkaufen
der Verkehr
verstehen,
er versteht
versuchen
der Vesuv
das Video w
vier
der Vogel, die Vögel
das Vollkornbrot

W

wachsen
wagen, er wagt
der Wagen
der Wald, die Wälder
die Wange
die Wanne
warm, die Wärme
warten
waschen, er wäscht
das Wasser
der Weg, die Wege
weich
das Weihnachten
weiß
der Weißkohl
der Wein
weinen
werden, sie wird
das Wetter
die Wiese
wild, wilde
der Wind, die Winde
der Winter
wirbeln
die Woche
wohnen
der Wolf
wollen, er will
das Wort, die Wörter
wünschen
der Würfel
die Wurzel
wütend

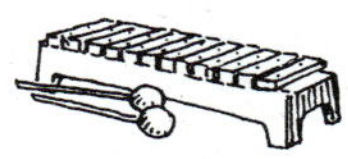

X

das Xylofon/Xylophon

Y

das Ypsilon

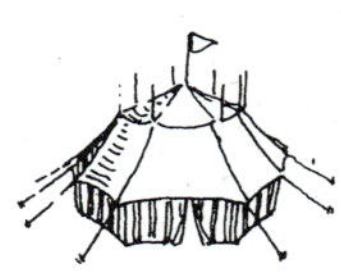

Z

die Zahl, zahlen, zählen
der Zahn, die Zähne
die Zange
der Zaun, die Zäune
zehn
das Zelt
zeigen, sie zeigt
die Zeit
die Ziege
das Zimmer
der Zucker
der Zug, die Züge
die Zunge
zwei
der Zwerg
die Zwiebel
zwingen, er zwingt
zwölf

Inhalt

Namen von Menschen, die dir wichtig sind 3
Wir erinnern uns an die Ferien 4
Ich freue mich auf die Schule 5
Unser Klassenboot 6
Namenwörter (Nomen) gesucht! 7
Bilder wachsen – Sätze wachsen 8
Erntezeit im Garten 9
Frisch auf den Tisch: Gemüsesuppe! 10
Tunwörter (Verben) gesucht! 11
Ich – du – wir 12
Abc gegen Langeweile 13
Mein Tagesablauf 14
Alles süß – oder? 15
Wiewörter (Adjektive) gesucht! 16
Die Geschichte vom ... Drachen 17
Meine liebste Jahreszeit 18
Frühlingswörter – Herbstwörter 19
Ordnung im Kinderzimmer 20
Mein Stein 21
Deine Indianer-Regeln 22
Merkzettel schreiben 23
Eine Tiergeschichte 24
Fragen und Antworten 25
Geschichten überarbeiten: Sätze umstellen 26
Geschichten überarbeiten: genau beschreiben 27
Mein Name – unsere Namen 28
Bilder können sprechen 29
Manche Wörter klingen in verschiedenen Sprachen ähnlich 30
Alle Kinder dieser Welt 31
Besondere Wörter in der Traum-Schule 32
Wir bauen Wörter 33
Wasser-Spaß 34
Alles gespeichert? 35
Wörterliste 39
Wortartenbaum 48

Begleiter △
(Artikel)

der ein
die eine
das

Namenwörter △
(Nomen)

Namenwörter (Nomen) sagen,
wie Lebewesen und Dinge heißen.

Beweise für Namenwörter:

- *Hase* ist ein Name für …
  (ein Tier mit langen Ohren)
- Zu jedem Namenwort passt ein Begleiter: *der* Hase, *ein* Hase
- Namenwörter können in Einzahl und Mehrzahl stehen: *ein Hase, viele Hasen*

Tunwörter ○
(Verben)

Tunwörter (Verben) sagen,
was Lebewesen und Dinge tun.

Beweise für Tunwörter:

- Tunwörter antworten auf die Frage:
  Was tut jemand? → *malen*
- Tunwörter passen hinter *ich* und *wir*:
  malen: ich male – wir malen